तट से बंधी नावें

नीरव

Made with ♥ on the Notion Press Platform
www.notionpress.com

यह पुस्तक मैं समर्पित करता हूं उन लोगों को जो जाने अनजाने इस पुस्तक को लिखने में मेरी सहायता की है। ये उनके लिए जो इस सृज यात्रा में मेरे सहयात्री हैं।

तट से जब बंधती हैं नावें
कहीं न कहीं
थोड़ा सा ही सही
तट भी बंध जाता है नावों से

जग में कितनी नदियां
हर नदी किनारे बसे
कितने नगर कितने ग्राम
हर नदी किनारे कितने घाट
उन घाटों से बंधी जाने कितनी नावें
उन नावों के कितने नाविक
हर नाविक अनोखा
हर नाव अनूठी
हर नाव की अपनी यात्राएं
हर नाविक की अपनी कथाएं
जब उतरती है कोई नाव पानी में
तोड़कर तट के बंधन
तो क्या बीती उस पर
जानती बस वो या उसका नाविक

हम जी रहे हैं ऐसे समय में
कि जो नाविक
कभी लेकर
उतरे भी नहीं अपनी नाव
गहरे पानी में
बीच मंझधार
जिन्होंने कभी नहीं किया सामना
उफनती लहरों का
तेज़ तूफ़ानों का
जो रहे सदा डोलते
किनारे किनारे
लेकर अपनी नाव
वो सुनाते हैं गर्व से
अपनी झूठी यात्राओं की
कल्पित कहानियां
अपने साहस की ,
लहरों और तूफानों से जूझने की
झूठी कथाएं
करते हैं प्रचारित
अपने साहस की गौरव गाथाएं
पाते हैं जग से सम्मान
करते हैं अभिमान

कविता 1

तट पर बंधीं नावों जैसे ही
बीत जाते हैं कितने जीवन

जैसे तट पर बंधीं नावें
कभी न जूझी लहरों से
न हुआ कभी उनका सामना
सब कुछ समा ले स्वयं में ऐसे भंवरों से

बस रह गयीं वे अपने तट के पास,
तट से बंधी-बंधीं ही
लगभग स्थिर सी पानी की
हल्की सी डगमग में डोलती

वैसे ही जैसे, कुछ जीवन रह जाते
जीवन भर बंधें हुए अपने बंधनों में
व्यतीत होती है उनकी उमर
पर जीवन उनका, जैसे जाता है ठहर

कविता 2

तट से बंधी नावें उदास हैं
उदास हैं, बहुत उदास हैं
तट से बंधी हुई नावें
सोचतीं हैं वे
क्यों नहीं तोड़कर
तट से अपने सारे बंधन
जा पातीं वे मध्य लहरों के स्वयं ही

निर्मिति तो हुई नहीं उनकी
बस,तट से बंधें रहने के लिए ही
गढ़ा गया उन्हें लहरों से जूझने
तूफ़ानों से टकराने के लिए
साहस अपना आजमाने के लिए

पर विवश हैं वो बंधें रहने को ही
हाथ नहीं उनके, उनका
अपने ही जीवन पर
इतना सा भी अधिकार

जब तक न कोई नाविक आयेगा
और खोलेगा तट से उनके बंधन
तब तक कहां वे जा पायेंगी
मध्य लहरों के,या इस पार से उस पार

इस अमिट सत्य को कुछ नावें
कर लेती हैं सहज ही स्वीकार
कुछ जीवन भर
रहतीं हैं व्याकुल ये सोचकर
क्यों नहीं
उनका अपने जीवन पर ही
है सम्पूर्ण अधिकार

कविता 3

तट से बंधी थी कितनी नावें
पर कितनी नावें लहरों में उतरी
कितनी तूफानों से खेली
ये निर्णय हाथ कहां था नावों के
ये निर्णय तो था नाविक के हाथों में
कई बार तो हुआ ऐसा भी
नावें निकलीं थी,नाविक निकले थे
जाने को और कहीं
पर लहरों और तूफ़ानों ने
उन्हें कहीं और ही पहुंचाया

कविता 4

मौन हैं आज स्तब्ध हैं आज
तट से बंधी सारी नावें
अकस्मात
आज एक नौका डूबी है
असमय ही
जब नहीं था दूर-दूर तक
लहरों में कोई उफ़ान
नहीं था दूर-दूर तक
दृष्टि में कोई तूफ़ान

कविता 5

आज बड़ा कोलाहल है तट पर
है अपार जनसमूह एकत्रित
करने को स्वागत उस नाविक का
जो निकला था करने को
अकेले ही संसार का एक चक्कर
सब रहे थे निहार
सागर को उस ओर
जहां से आने वाली थी वो नौका
जब उभरी वो
दूर से ही
सागर की सतह पर आती हुई
तो किया जनसमूह ने उद्‌घघोष
स्वागत में नाविक के
पर किया नमन
तट से बंधी नावों ने
अपने साथी नौका के साहस को

कविता 6

तट से बंधी दो नावें
कर रही थीं आपस मे वार्तालाप
उनमें से एक थी
हृष्ट-पुष्ट मजबूत दिखने में
एक थी कृशकाय जैसे कुपोषित सी
पूछा हृष्ट-पुष्ट नौका ने
कृशकाया वाली से
हे सखी
आख़िर क्या मिलता है तुझे
बार बार
सागर के भीतर जाने से
क्या मिलता है तुझे
लहरों से टकराने से
क्या लगता नहीं डर
तुझको तनिक भी
तूफ़ानों का, प्राणों के गंवाने का

कृशकाय नौका ने दिया
सहज स्वर में उत्तर
नहीं मुझे नहीं लगता डर,
डर ज़रा भी
लहरों में जाने से
तूफ़ानों से टकराने में

मुझको तो
गढ़ा गया है इसीलिए कि
मैं उतरूं सागर में, नदियों में
जूझूं लहरों से और तूफ़ानों से
जिस अर्थ हुआ जन्म मेरा
उसको करने में डर कैसा

कविता 7

तट निहारता है बाट
उन नौकाओं की
जो उससे बंधी थी
पर उतरी है सागर में
हर समय आशंकाओं से
ग्रस्त रहता है तट
जूझती होगी नाव
न जाने किन-किन
लहरों और तूफ़ानों से
पता नहीं सकुशल होगी या नहीं
पता नहीं सकुशल
आ पायेगी भी या नहीं
तट की चिंता जैसे किसी
बेटी के प्रति
एक पिता की चिंता
मौन

कविता 8

साथ साथ चलता तट
साक्षी है नदी की जीवन यात्रा का
तट जानता है
नदी के पथ के आरोह-अवरोह-अवरोध
तट सहयात्री है
नदी की जीवन यात्रा का
कितने तटों ने देखा है
कितनी ही बार

कैसे लोभ मनुष्य का
कैसे
मनुष्य की अदम्य लालसा-
करती है निर्माण
न जाने कितने अवरोधों का
उनकी नदी के पथ में
छीन लेती है नदी से
उसके पथ,
बांध देती है नदी की गति

वो नदी जो बहती थी
निर्बाध निर्विघ्न
अविरल अपने पथ पर
बांध दी जाती है

नीरव

तट को अच्छा नहीं लगता है
नदी का इस तरह बंधना

कविता 9

एक बार एक
बूढ़े तट का हो गया
एक नवेली नाव से लगाव
देख उसको
न जाने कितनी कामनाएं जागती थी
उभरते थे न जाने कितने भाव
न जाने कितने गीत उगते थे
न जाने कितने नवल स्वप्न
लेते थे अंगड़ाइयां
तट के अंतर में
जब जब नाव उतरती सागर में
आशंकाएं कितनी जागती
तट के अंतर में
वो करता रहता प्रतीक्षा
तब तक जब तक
आती नहीं थी वो लौटकर
हर एक तूफ़ान उसे डराता था
तूफ़ानी रातों में
जब चलती थीं तेज़ हवाएं और
कड़कती थी बिजली आसमान में
हृदय उसका सिहर सिहर जाता था
पर तट कर नहीं पाता था
कभी अपनी भावनाएं व्यक्त

उसके सामीप्य मात्र से
तट रहता था एक उत्साह से भरा
यह अव्यक्त अनुराग था तट का
जहां बंध गया था विशाल तट का
किसी छोटी सी नाव से
डरता था वो किसी भी अलगाव से

कविता 10

तट निहारता है अक्सर
जहां तक पहुंचती है दृष्टि उसकी
सागर में तैरती
कृशकाय छोटी-छोटी नावों को
बड़े-बड़े जहाज़ों के मध्य
और करता है मन ही मन,नमन
उन नावों के साहस को
जो अपनी कृश काया के उपरांत भी
तैयार हैं जूझने को
किसी भी लहरों और तूफ़ानों से
मात्र अपने साहस के बलबूते ही
उनके नाविकों के साहस को
जिनको विश्वास है
अपनी नावों पर स्वयं पर

कविता 11

तट सूना सूना है
नहीं बंधती अब तट से नावें
नहीं भरा रहता है तट
आने जाने वालों की आवाजाही से
सूने सूने से तट के अंतर में

अब तो है शेष
बस स्मृतियां विगत की
उन्हीं स्मृतियों के सहारे
तट अब अपना जीवन जीता है
कौन सुनेगा अब
किसको है अवकाश यहां
ऐसे परित्यक्त तट के अतीत की
सुनें जो गौरव गाथा
बस तट उन बीती यादों को
मन ही मन दोहरा दोहराकर
जीवन अपना जीता जाता

कविता 12

नदी का ऐसा भी तट
जहां हैं मरघट
रोज देखता है तट
जलते हुए कितने ही शवों को
साक्षी है तट
कितनी जलती हुई चिताओं का

जलती हुई चिताएं
निर्धनों की, धनवानों की
वृद्धों की, नौजवानों की
नरों की नारियों की
किशोरों की, किशोरियों की
असमय हुई मृत्यु जिनकी उनकी या
जिन्होंने जिया लम्बा जीवन उनकी
जो मरे सामान्य मृत्यु उनकी या
जिनकी हुई मृत्यु दुर्घटनाओं में उनकी
चिताएं भांति भांति के लोगों की
चिताएं उनकी
जिनके शवों के साथ
आता है अपार जनसमूह
चिताएं उनकी जिनके शवों के साथ
आते हैं मात्र उनके परिजन
चिताएं वैसी भी

जिनके साथ नहीं आता कोई भी
क्योंकि मृत्यु हुई उनकी गुमनाम

तट देखता है हर जाने वाले के
परिजनों के अश्रुपूरित नयन
उनके भरे हुए मन
तट देखता है जब
अपने बगल में एक और तट को
जहां आने जाने वालों का
लगा रहता है तांता
मची रहती है हलचल
हर ओर जहां
रहता है कोलाहल जीवन का
बंधी रहती हैं
उस तट पर कितनी नावें
जिन पर बैठकर
जाते हैं लोग करने को नौका विहार
रहता है वातावरण में उत्साह और उल्लास
देखकर मानव जीवन के दो रूप और
उनके जीवन की
यह अंतिम नियति
तट हो गया है वैरागी सा

कविता 13

सागर का एक तट
जहां आती हैं टकराती हैं
फिर टूटकर लौट जाती हैं
अनगिनत लहरें
हो कोई भी कहीं भी पर
हर तट पर
ऐसा ही तो होता है

उस तट पर आते हैं लोग मनाने को उल्लास
वो लोग देखते हैं तट से ही सागर का विस्तार
लहरें आती हैं
उनके पांवों से टकराती हैं
उनके पांव भिगोती हैं
तब उनके मन में
एक अलग ही अनुभूति होती है
कई लोग निहारते हैं खड़े होकर
एकटक बस लहरों का आना और जाना
बस पल भर रहना लहरों के स्वरूप में
पुनः सागर के जल में मिल जल हो जाना

देखकर उनको लगता है तट को
जैसे लहरें चाहती हैं उनको
बस इतना ही समझाना

मानव जीवन की भी तो है कहानी
लहरों की तरह उठना (जन्म लेना)
थोड़ी देर रहना लहर बनकर(मध्य का जीवन)
फिर मिट जाना,मिल जाना सागर के जल में
खो देना अपना अस्तित्व सदा के लिए(मृत्यु को पाना)

कविता 14

तट ने अपने सूनेपन को
अब सहज स्वीकारा है
उसने अंततः सत्य ये है जाना
चतुर्दिक कोलाहलों का कोई अर्थ नहीं
यदि कोई एक न हो,
अपना सुख -दुख कहने को
बीतते समय में छोड़ जाते हैं सब, अकेला
अपना दुख अपनी पीड़ा आप ही सहने को
जब चले जाते हैं सब
तब व्याप्त सूनेपन में
आख़िर क्या यह जाता है
सुनने और कहने को

कविता 15

तट पहचानता था
हर आने जाने वाले को
प्रतिदिन उनके चेहरों से पढ़ता था
उनके अंतर को
अनुमान लगाता रहता था वह
आज का दिन उनके जीवन में
कैसा घटा होगा
याद करता था वो पुराने दिन
जब सब चलते रहते थे
करते हुए एक दूसरे से बातें
पूछते रहते थे एक दूसरे का हाल-चाल
रोज़ मिलने वाले अपरिचित की तरफ़ भी
देखकर मुस्कुरा देते थे हल्के से।
पर अब जैसे बदल गया है सब कुछ
देखता है वो
अब चलते हुए नहीं देखते लोग
एक दूसरे की तरफ़
नज़र उठा कर भी
उनकी नज़रें
चलते हुए भी गड़ी रहती हैं
अपने मोबाइल के स्क्रीन पर।

कई बार तो देखा उसने कि मित्र भी

जो पहले मिलते थे हंस-हंसकर
करते रहते थे बातें
अब रह जाते हैं
एक ही नाव में
एक दूसरे की उपस्थिति से अनभिज्ञ
या फ़िर मिलते भी हैं तो
लगता है कि जैसे
निभा रहे हैं कोई औपचारिकता।

एक दूसरे से मिलने के बाद
गड़ जाती हैं उनकी निगाहें
पुनः अपने अपने स्क्रीन पर

कविता 16

एक तट था नदी का
पड़ा उपेक्षित सा
कभी वह भी भरा रहता था
नावों से, नाविकों से ,यात्रियों से।
आते थे कितने यात्री उस तट पर
जाने को इस पर से उस पार
या आते थे कितने यात्री
उस पार से इस पार।
यात्रियों के इस आवागमन से
हर दिन तट रहता था गुलजार।

तट को यह चहल-पहल
यह शोर लुभाता था
उसको अपनी महत्ता का
हर समय एहसास कराता था।
तट मन ही मन
खूब इतराता था
फूले न समाता था।
धीरे-धीरे बदला समय
नावें बदलीं, नावों का स्वरूप बदला
नए घाटों के निर्माण हुए
इस तट का घाट पुराना हुआ
कम धीरे-धीरे

लोगों का आना-जाना हुआ।
अब तो तट के पास
बस उसका सूनापन है
और तट की संगी साथी हैं
तट से यूं ही अबंधी
पर बंधी सी
कुछ टूटी-फूटी बूढ़ी नावें
जिनकी अब कोई पूछ नहीं।
तट के पास नहीं है कुछ भी शेष
सिवा उसके सूनेपन के और
तट के पास हैं
अपने गौरवशाली अतीत की
कुछ धुंधलाती स्मृतियां।
कभी-कभी भूले भटके से
आ जाता है तट पर
कोई वृद्ध नाविक
जो बैठकर निहारता रहता है देर तक
तैरती हुई नावों को
बस तब लगता है तट को
एक है उसकी और
उस बूढ़े नाविक की पीड़ा
एक जैसा है उनका जीवन।

कविता 17

एक तट है सूना-सूना सा
कुछ टूटी-फूटी नावें हैं
किनारे पर रेत में धसी हुई
नहीं पूछता जिन्हें अब कोई
उपेक्षित तट और टूटी-फूटी नावों
दोनों की है एक सी पीड़ा
समय के साथ
अप्रासंगिक हो जाना

कविता 18

एक तट
अपने सौंदर्यीकरण से आहत है
दूर-दूर तक फैला हुआ था
मिट्टी का तट
जिससे टकराती थी नदिया की धार।
जब से सौंदर्यीकरण हुआ है तट का
दूर-दूर तक फैल गई हैं
कंक्रीट की परतें और टाइलें।

तट को हमेशा अखरता है
अपना मिट्टी से यूं कट जाना,
उसे सालती है
मिट्टी से कट जाने की पीड़ा।
तट देखता है उसके जैसे ही
कुछ लोगों को भी
ये अच्छा नहीं लगता
वो जिनको पसंद था
गीली मिट्टी किनारे
तट पर नंगे पांव टहलना और
उतरना घुटनों तक
नदी के पानी में नंगे पांव।
तट पर लगा दी गई हैं
ढेर सारे पोल और

नीरव

ऊंची ऊंची मास्ट लाइटें
रात भर जगमगाती रहती है
उनकी तेज़
आंखों को चुंधिया देने वाली रौशनी।

तट को रात की यही
जगमगाती तेज़ रोशनी
चुभती है आंखों में
अब तो सो भी नहीं पाता
रातों को भी तट
कभी भी गहरी नींद में।

कविता 19

विडंबना है तट की यही
कि बंधती नहीं हैं उससे
सचमुच एक भी नाव।
वैसे तो उससे बंधती हैं
न जाने कितनी नावें
पर इस बंधन में
इस सामीप्य में
सदा ही रहती है एक दूरी।
कई बार जागती है तट के हृदय में
एक आत्मीय स्पर्श और
एक आलिंगन की चाह
पर नहीं कर पाता वह
चाह कर भी
अपनी यह चाह पूरी
उसकी यह साध
रह जाती है अधूरी
क्योंकि नावों का बंधन तो
होता है नाविक के हाथों में
और नाविक
नहीं है बस में किसी भी तट के।
जब तक पूरी नहीं होती
उम्र किसी नाव की
जब तक नहीं रह जाती

वे किसी काम की
कोई नाविक उनको छोड़ता नहीं
सदा के लिए।
कई बार तो किसी-किसी
नाव की उम्र बीत जाती है
तट से मिलने में
इतना विलम्ब इस मिलन में कि
मर जाता है उत्साह मिलन का।

कविता 20

नदी का एक तट है
फैली हुई है जिसकी प्रसिद्धि
दूर-दूर तक
वैसे तो लोग और नावें
हर समय ही हैं तट पर आती जाती
पर हर सांझ भर जाता है तट
आने जाने वालों के
कोलाहल से।
तट के किनारे खड़ी रहती हैं
सजी-धजीं कितनी नावें
लोग आते हैं करने को नौका विहार
और डूबते हुए सूरज का सौंदर्य निहारने
जब पड़ती हैं
डूबते सूरज की सुनहरी रश्मियां
नदी के कोमल गात पर
वो दृश्य
अभिभूत कर देता है तट को भी।
जब नौकाओं में विहार करते लोग
और तट पर बैठे लोग
नदी और डूबते सूर्य के
अप्रतिम सौंदर्य को निहारकर
होते हैं प्रसन्न
तो तट और नौकाओं की

नीरव

प्रसन्नता का कोई पारावार नहीं होता
लोगों के चेहरों पर
हर्ष और उल्लास देखकर
तट और नौकाओं के मुख पर भी
मुस्कान तैर जाती है की
सफल हो रहा है जीवन उनका भी
बन रहे हैं वो भी निमित्त
न जाने कितने लोगों की
प्रसन्नता और उल्लास का।

कविता 21

एक नाविक
सूने से सागर तट पर
लेकर बैठा था अपनी नाव
उठ रही थीं ऊंची ऊंची लहरें
सागर के सीने पर
देखकर ये उत्ताल लहरें
था वो ऊहापोह में कि
वो उतारे या नहीं
सागर में अपनी नाव
विशालकाय लहरों को देखकर
दे रहा था साहस उसका जवाब
कह रहा था अंतर उसका
चल उतार दें नाव अपनी सागर में
कब तक रहेगा बैठा
यूं ही ऊहापोह में किनारे किनारे
कौन सागर है ऐसा कि
जिसमें न मचलती लहरें
जिसमें न धारे और मझधारे
सोचते ही सोचते कहीं
समय न हो जाए शेष
सुन अपने अंतर की पुकार
इन लहरों के भय से न मान हार

कविता 22

कभी कभी जब कोई नाव कहती है
दूसरी नाव से कि उससे अच्छा
कोई भी नहीं जानता
इस नदी को।

वो अपने नाविक के साथ
छान आई है नदी का कोना-कोना
एक छोर से दूसरे छोर
इस इस ओर से उस ओर
जानती है वो इस नदी को
किसी भी और से बेहतर।

तब हंसता है मन ही मन तट
क्योंकि वो तो साक्षी है
नदी की समूची जीवन यात्रा का
उसके हर उतार चढ़ाव का
उसके हर घुमाव का
उसके हर अल्प ठहराव का।

पर अब तक नहीं जानता वो भी
पूरी तरह कि ,कितना कुछ और
क्या कुछ समेटे हुए है नदी
अपने अंतस में

एक नदी को कैसे भला
जान सकती है कोई नाव

कविता 23

नावों का क्या है तट से नाता
तट का नावों से क्या है नाता
कोई समझा नहीं पाता और
ये कोई समझ भी न पाता

तट से बंधती है नावें
और तट से जाती हैं छूट
कितना अस्थायी है ये बंधन
अब बंधा और अब गया टूट

हैं आती जाती कितनी नावें
एक तट के जीवन में
तट से बंधती हैं वो,पर
तट कब बंधता है उनके बंधन में

कविता 24

एक तट के किनारे तीर्थ स्थल
एक तट के किनारे मरघट
एक तट पर शोकाकुल चेहरे
आते हैं शव, जलती हैं चिताएं
तट देखता है हर दिन
जीवन का मिट जाना
जैसे उठती गिरती हैं लहरें
ये तट है वैरागी सा

एक तट पर श्रद्धा, विश्वास और
उल्लास से भरे हुए चेहरे
लोग हैं खड़े श्रद्धा से शीश नवाए
इस तट के किनारे चढ़ते हैं पूजा के पुष्प
प्रवाहित होते हैं दिए जल में
गूंजते हैं मंत्र,गूंजती हैं ऋचाएं

एक तट है पावन
एक तट है अपावन

कोलाहल से भरा एक तट
सूना सूना है एक तट

नावों का क्या है तट से नाता

नीरव

तट का नावों से क्या है नाता
मैं समझ ना पाता

तट से आती जाती नावें हैं
तट पर बंधती है नावें
और तट से जाती हैं छूट
हैं आती जाती
तट तो है स्थिर
पर नावें हैं गतिमान

नाव का उद्देश्य है
चलना जल की धार पर

तट का होना ना होना
निर्भर है नदी पर
कितनी ही बार
तट सोचता है
नावें बंधी है उससे
पर जानता नहीं वो
ये मात्र भ्रम है उसका,
सच में तो
नावों की डोर बंधी है
नाविकों के हाथ
जितना चाहे नाविक
उतना ही
तट और नावों का साथ

कविता 25

कब मांगा था तटों ने सूनापन
कामना सदा रही उनकी
बंधी रहें सदा ही उनके तट पे नावें
आने जाने वाले पथिकों की
पदचापों से गूंजते रहे पथ
कौन मांगता है स्वयं के लिए सूनापन,
कौन चुनता है स्वयं: अकेलापन

कविता 26

हर लहर टकराकर तट से
अस्तित्व अपना खो जाती है
आती है मिलने का प्रबल उत्साह लिए
लौटते समय बस उत्साह हीन,
भावहीन जल हो जाती है

कविता 27

नावों का क्या है तट से नाता
तट का नावों से क्या है नाता
कोई समझा नहीं पाता और
ये कोई समझ भी न पाता

तट से बंधती है नावें
और तट से जाती हैं छूट
कितना अस्थायी है ये बंधन
अब बंधा और अब गया टूट

हैं आती जाती कितनी नावें
एक तट के जीवन में
तट से बंधती हैं वो,पर
तट कब बंधता है उनके बंधन में

कविता 28

एक नदी का तट
रह गया अकेला
जब सूखी नदिया, ग्रीष्म में
अब प्रतीक्षारत है तट,पावस का
जब पुनः
गगन पर मेघ आयेंगे
धरती पर जल बरसेगा
जब नदी भरेगी
तब ही तो तट
तट होगा
अस्तित्व बंधा है तट का
नदी से , नदी के जल से

कविता 29

कभी कभी जब कोई नाव कहती है
दूसरी नाव से कि उससे अच्छा
कोई भी नहीं जानता
इस नदी को।

वो अपने नाविक के साथ
छान आई है नदी का कोना-कोना
एक छोर से दूसरे छोर
इस ओर से उ और
जानती है वो इस नदी को
किसी भी और से बेहतर।

तब हंसता है मन ही मन तट
क्योंकि वो तो साक्षी है
नदी की समूची जीवन यात्रा का
उसके हर उतार चढ़ाव का
उसके हर घुमाव का
उसके हर अल्प ठहराव का।

पर अब तक नहीं जानता वो भी
पूरी तरह कि ,कितना कुछ और
क्या कुछ समेटे हुए है नदी
अपने अंतस में

नीरव

एक नदी को कैसे भला
जान सकती है कोई नाव

कविता 30

जो कभी रहते थे
हर समय भीड़ से भरे
जिस पर बंधती थी कितनी नावें
गूंजते रहते थे लोगों की आवाजाही से
लोग लेते थे जिसका नाम
जिसके सौंदर्य का सब करते थे बखान
सब करते थे जिसका गुणगान

हो गए इस समय के साथ
इतने सूने वो भी तट
इतने सूने जैसे
कोई प्रासाद अभिशप्त
जैसे कोई परित्यक्त मरघट

कोई नाविक नहीं
कोई नावें नहीं
किसी की आवाजाही नहीं
क्रूर-कठोर और निर्मम समय
छीन लेता है जीवन में ही
कभी कभी सब कुछ
सिवा जीवन के

कितनी नावें जब छोड़ गई तट
फिर कभी लौट न पाईं
लेकर उनको, उनके नाविक
फिरे नदी-नदी, सागर-सागर
तट भूल न पाया उनको
उनको भूले से भी तट की याद न आई

www.ingramcontent.com/pod-product-compliance
Lightning Source LLC
La Vergne TN
LVHW090335210926
848480LV00004B/1419

तट से बंधी नावें मेरी कुछ छोटी कविताओं का संग्रह है जिसमें मैंने जीवन और जीवन के संबंधों को तट, नदियों, नावों, नाविकों और सागर के प्रतीकों के माध्यम से कुछ कहने का प्रयास किया है।

मैं कवि होने का दावा नहीं करता। कविताएं लिखना मेरे लिए अब अब सारे मुखौटे उतारकर स्वयं हो जाना है।

979-890392877-4

9 798903 928774

ठगी का मौसम

काव्य संग्रह

नवीन खरयाल
बबीता जसवाल